Norbert-Bertrand Barbe

SEMIOLOGÍA SOCIAL DE LO LIMPIO Y LO SUCIO

ÍNDICE

"Le bonheur se compose de parfums et de bourdonnements, disait-il; or, ce sont choses de convention que le bruit et l'odeur… Qui établira que l'oignon sente moins bon que la rose, et que le paon chante moins bien que le rossignol?"[1]

---

[1]Alexandre Dumas, *Joseph Balsamo*, Paris, Lévy Frères, 1872, T. IV, "*CII De l'influence des paroles de l'inconnu sur Jean-Jacques Rousseau*", p. 118. "*La dicha se compone, decia allá para sí, de perfumes y murmullos; y como el ruido y el olor son cosas convenidas de antemano, ¿quién será el que establezca que la cebolla no huele tambien como la rosa, y que el pavo real no canta tan bien como el ruiseñor?*" (*Memorias de un Médico*, Madrid, P. Madoz y A. Sagasti, 1847, T. IX, p. 169)

Identidad

La noción de identidad contiene una contradicción fundamental: supone la alteridad. Por lo que el gemelo es central en todas las mitologías, bajo las formas de dos hermanos de atributos opuestos (Acvins-Dioscuros), una sucesión entre padre e hijo (Urano-Cronos-Zeus), o una contienda entre dos seres de género opuesto macho y hembra (An-Tiamat). Por ello esta dualidad tiene al incesto y el autoengendramiento como prohibitivos en las relaciones humanas por ser propias de las sucesiones reales y divinas, valor positivo del ser doble representante del Yo definido desde la alteridad que hizo que las sociedades precolombinas vieran el bizquear como signo de belleza y divinidad. A la inversa, en *La araña negra*, 1842, de Jeremías Gotthelf, Barcelona, Astri, 2000, p. 110, la dobledad del malvado criado es representada por la indefinición del color de su pelo y ojos, los cuales "*se contradecían incesantemente, no miraban nunca en la misma dirección*", el desenfoque direccional de la mirada simbolizando la división, y por ende la maldad, del Ser, mientras el enfoque único de los dos ojos representa, para las sociedades primitivas, su primordial unidad ideal: asimismo, el autoengendramiento (dioses padres versus dioses hijos) expresa la identidad por dualidad (repetición de lo mismo, invertido o contrario), mientras la identidad procesa la dualidad como resolución de los opuestos (reunión del andrógino primordial).

Max F. Müller y Freud citan la construcción

doble de las palabras en los idiomas primitivos, formada por combinación de los opuestos (abajo-arriba, pequeño-grande), cuyo significado contextual se entiende por acentuación en la pronunciación de la parte a la que se refiere (*abajo*-arriba, abajo-*arriba*). Al estudiar la tripartición de la sociedad tradicional Dumézil se interesa a la repetición de figuras divinas específicas en cada casta, no a la repetición en sentido lineal del mito que nos hizo plantear que las mitologías parten de una figura central desmultiplicada al infinito (Barbe, *Mythes*, Bès Editions, 2001/4). Lo que no implica divinidad única, sino repetición animista de mitos similares por la pobreza de los fenómenos de la mente y su vital interés para los ritos de fertilidad (solares y fálicos). Así los dioses principales como

Osiris o Apolo se enfrentan a su Otro ctónico: la serpiente como viejo sol; el Bribón de América del Norte estudiado por Jung, Ulises, Hércules o Sansón, se vuelven mujeres y/o se entregan como esclavos a una mujer durante períodos de impotencia previos a su rejuvenecer. En la literatura profana este período de castidad es el primer tiempo de los relatos eróticos contemporáneos (victoria de la mujer antes de ser finalmente vencida por el hombre). La secuencia estudiada por Dumézil hasta en la vida de los 12 cesares entre un jefe militar y otro legalista reproduce en sentido horizontal la oposición vertical entre hijo castrador y padre castrado (Urano-Cronos-Zeus), viejo y nuevo Sol (Hércules/Apolo, Osiris vs Set), y la tripartición horizontal y vertical entre la Tierra Madre y su esposo/hijo violador que se autoengendra a través de ella, escindiéndose de ella (Adán y Eva), partiéndola a ella misma (Tiamat, Santería), o regenerándose en ella (Nommos dogons).

Así el desdoblamiento, sobredeterminación psicológica, de los Nommos, que, gemelos, son andróginos que se reparten cada sexo, y violan a su madre para crear a la humanidad. Cristo, como Mitra, muere por renacer, es la perdida de potencia fálica en los mitos de Ulises, Hércules o Sansón. Cristo, hipóstasis del Dios único trinitario, es por ende su propio padre, y se engendra sin recurrir al acto carnal, sobre dos generaciones, María siendo concebida sin pecado al igual que su hijo. Hay también tres generaciones entre Urano y su nieto Zeus, en las que cada hijo castra a su padre para acceder al trono. El vocablo inglés "*Me, myself and I*", además de formular una equivalencia a nivel lingüístico, remite, como los Nommos o la teogonía griega, a la división del Yo mediante la alteridad femenina (son los tres grados de conciencia del psicoanálisis: inconsciente, subconsciente y conciente, o

Moi/Je/Surmoi, los dos estados del *Animus* ante el *Anima* en Jung). Así los mitos más sencillos proponen la visión del Ying-Yang, huevo primordial de la mitología china, andrógino platónico, Adán-Eva bíblico, escindiéndose para obtener dos formas distintas que procrean otro nudo central: de la pareja original proviene la humanidad; las mitologías más complejas expresan esta división a través la dualidad del primer creado (el Nommo) de la pareja original, dualidad que reproduce la perfección dual inicial y permite el conflicto necesario a la separación de los géneros y la afirmación del Yo por oposición. Así la *Biblia* presenta consecutivamente (prefigurados por Dios y la Sapiencia divina) a Adán/Eva y Abel/Caín, y a la tríada Dios Padre-Dios hijo-Espíritu Santo,

Cristo definiéndose por oposición, tanto a José que no es padre real, a Dios Padre que lo abandona, a los dos Juan, el que le introduce a su labor mesiánica y el que lo sustituye ante su madre, a Judas que lo traiciona y cuyo suicidio, infidelidad del pecador, se contrapone al sacrificio que salva a la humanidad sin dejar de ser suicidio, pues, Dios Padre se confunde en la Trinidad con Dios hijo. La mayoría de los dioses de las mitologías del origen, de Olocún en la Santería a Cristo, son autoengendrados. Cronos y Zeus no son nacidos, sus padres impidiendo a sus madres darles a luz. Freud notó las similitudes entre Edipo y Hamlet, el tío volviéndose figura fantasiosa, derivada, del padre muerto a la que el hijo puede enfrentarse, reasumiendo el mismo mandato del Padre y muriendo paralelamente al tío-padre malo (vertiente masculina de las madrastras de los cuentos de hadas, a las cuales las hijastras pueden suplantar sin tener que renegar de la Madre, cuya imagen se queda provechosamente intacta, permitiendo así la sustitución de la madrastra, casada con el padre, por la hijastra que se casa con el príncipe, a su vez padre superado ya que más rico y más poderoso). El nacer sin ayuda del padre, morir y volver a nacer (Zeus falsamente tragado, Edipo que se enuclea-castra por recuperar finalmente un poder de clarividente todopoderoso, Cristo) sobredetermina el principio de autoprocreación por identidad (la dualidad como proceso de identificación, al igual que ocurre en las mencionadas palabras binarias de las primeras civilizaciones): identificación por reproducción (desdoblamiento que permite el proceso de reconocimiento: principio de "identificación con" o "entre")/identificaciñon por sustitución (asesino del modelo)/identificación consigo mismo sin ayuda de modelo (afirmación del Yo como entidad no escindida, reunión del Ser en sí e consigo mismo), proceso trinitario que también se encuentra en el mito del andrógino primordial y su reunión por y en Dios en la fe cristiana.

Así se aclara en Norteamérica la figura fálica (el pájaro del trueno) salvadora (Cristo-Tío Conejo), proveedora prometeica del fuego y por ende violadora de la aurora (en las mitologías primitivas el dios Sol creador persigue a la aurora, rocío de la mañana, para formar el universo), organizadora de las aguas (Tiamat-Olocún) primordiales (flujo-vagina-menstruas como el Nommo), y proveedora también de la mujer para el hombre: "*Los tuscaroras hablaban de dos hermanos enemigos, Enigorio y Enigohahetgea (en épocas anteriores Ioskeha y Taviscara), el primero de los cuales mató a la rana gigante que se había tragado todas las aguas. Este mito es una representación más del antagonismo entre dos gemelos, tan frecuente en Grecia, como indican sus nombres: el Brillante y el Oscuro. En cambio, los Dioscuros americanos son Apocatequil y Piguerao./ Pero no todos los demiurgos son gemelos, ni humanos tan siquiera. Hay muchos que no lo son. El más conocido es Michabó, la Gran Liebre, los algonquinos eligieron a este animal a causa de la importancia que tenía para los primitivos cazadores. Su carácter era una extraña mezcla entre demiurgo (creador) y pícaro, como corresponde a las diferentes épocas de su ciclo. Se contaba de él la aventura siguiente: En lucha con un dragón, se dejó tragar por éste, pero tan sólo para poderle matar más fácilmente una vez en su estómago. Haciéndolo libertó a las víctimas anteriores, entre ellas a sus dos hermanos./ Según otra versión son los pájaros del trueno los que le libran de su prisión. Se contaba también que había procurado el fuego a los hombres robándolo en la cabaña de la Aurora. Tras apoderarse de él se lo confió a los pájaros del trueno, que desde entonces lo guardaban. Como verdadero demiurgo, dio al primer hombre una compañera. Pero ésta, emblema de la mujer, que en todas las mitologías es la misma, se apresuró a abrir una caja que le había confiado bajo promesa de no hacerlo, y que contenía no los males, como la famosa caja de Pandora, sino la inmortalidad. Esta escapó y por ello el hombre muere. Pero la obra principal de Michabó fue la creación de la tierra en el océano primitivo. Para ello le hundió en las profundidades del agua, de donde sacó un poco de barro.*" (Francesc Ll. Cardona, *Mitologías y leyendas de América y Oceanía*, Barcelona, Edicomunicación, 1999, pp. 172-173).

Autoengendramiento

El principio de autoengendramiento revela en psicología el deseo de auto-reproducirse sin ayuda del otro sexo, como expresión de superpotencia. Jung reseña obras de dibujos de pacientes suyos que se representaban excretando y el sexo en erección, según ellos en posición de rey del universo. Esta imagen, que puede resultar cómica a primera vista, nos remite a figuras del arte como el pájaro-Hadés tragándose ánimas para excretarlos en el panel derecho del *Hortus deliciarum* del Bosco, y a objetos apotropaicos como las antiguas *tintinnabulae*, campanillas colgadas de un sexo masculino, que protegían las entradas de las casas, y eran más poderosas contra los demonios si eran "penes con ojo", o sea falo asociado con vulva, la combinación de los dos órganos sexuales dándoles mayor poder. También, de paso, a la casual denominación de los testículos "*los gemelos*" en el lenguaje popular nicaragüense (Jorge Eduardo Arellano, *Del idioma español en Nicaragua (Glosas e Indagaciones)*, Managua, Academia de la Lengua, 2005, p. 145). Según el padre del

etnopsicoanálisis
Georges Devereux
(*Femme et Mythe*) el
nacer desde el padre (la
piedra-concreción fetal
tragada por Saturno en el
mito del nacimiento de
Jupiter) es, por expresar
la procreación por su
mismo sexo, forma del
complejo de
autoengendramiento.

Si el
autoengendramiento se
percibe claramente en los
mitos del origen de los
dioses varoniles: la tríada

Urano-Cronos-Zeus, que matan a su padre desde dentro de la madre, Cristo auto-creado, las diosas también ofrecen esta cualidad de autoreproducción: el mito, estudiado por Devereux, de Baubo, cuyas imágenes la representan con las piernas abiertas y la cabeza del bebé saliendo de la vagina, conforme su papel ante Démeter, provocando la risa de la diosa y previendo por ella el futuro reencuentro con su hija Proserpina raptada por Hadés. Mientras los dioses expresan su poder de rejuvenecimiento perpetuo por la división, en los mitos del origen, entre sí mismo como dios Cielo, padre original, y un dios hijo violador de su madre, la Tierra, para dar nacimiento a la humanidad, muchas representaciones prehistóricas de la Gran Diosa la representa entre dos pequeños caballeros, los cuales son reemplazados en el caso de la *Potnia Thêron* por dos felinos que ella tiene por la cola, los cuales a su vez en el mundo antiguo vinieron a ubicarse a cada lado del trono de la diosa. La diferencia de tamaño entre la Gran Diosa, y sus pequeños acompañantes, remite a la fertilidad de la diosa, igual que la forma calipige de las Venus solitarias, y probablemente un tipo de relación filial entre ella y las dos figuras menores. De hecho, la sobredeterminación psicológico del autoengendramiento pasa por el desdoblamiento del dios padre en dos sub-dioses hijos, los cuales a su vez representan la división en género de la humanidad (Dios/Adán-Eva-Lilit; los Nommos; Helena-Dioscuros; Güegüence/Don Forcio-Don Ambrosio-Doña

Suche Malinche). En alquimia, el retorno del andrógino primordial y el final de la Obra corresponde, como en la Gran Mística medieval (Suso, Eckhart), a la reunión entre los dos sexos.

Mientras *Huérfana Embravecida* de Marta Leonor González confirmaría el complejo castrador de la mujer ante el sexo masculino, *Entre Altares y Espejos* de María Gallo propone una inversión de la genealogía bíblica, en la que Cristo bautizado por Juan entra así en su ministerio, hasta el final en el que otro Juan se volverá el preferido, la tríada de la abuela-hija-nieta presenta la caída ante el mundo cristiano de Fidelina (la fundamental "*Fides*") por culpa de Juan, la cual da luz a Benigna, homófona de las sacerdotisas del amor que eran las beguinas medievales, que a su vez entroniza la figura satánica como dualidad en la reinscripción en la historia religiosa de su genealogía, como atestigua la carta final, mediante el ambiguo debate acerca del culto a Judas Tadeo, patrón de las causas perdidas, en su confusión con el Iscariote.

Del mito del autoengendramiento proviene la ideología de la pureza original, y por ende tanto las afirmaciones acerca de la unidad de la tradición europea, obviando el proceso de mestizaje entre pueblos de Asia, Asia Menor, África y África del Norte, celtas y nórdicos, y la contraposición americana de autodefinición como continente multiétnico (de la apología del mestizaje en el discurso criollo latinoamericano de finales del s. XIX y el concepto de "*quinta raza cósmica*" de Vasconcelos, contemporáneo de la propaganda nazi acerca de la raza aria, hasta la definición en la literatura y las producciones audiovisuales norteamericanas de los EU como país de encuentro entre grupos étnicos: indígenas, italianos, irlandeses, africanos e hispanoamericanos). En lenguaje místico y filosófico, es la indivisibilidad del Uno, la imposibilidad de calificar el Ser por no romper dicha unidad.

Representaciones del autoengendramiento son, indistintamente, las imágenes de falo de los baños de hoy, las *tintinnabulae* en forma de pene con ojo (sobre-poder del andrógino primordial), la sucesión Sol negro (o viejo)-Sol joven entre Osiris y la serpiente Set, Saturno y Zeus, Apolo y el toro, la

Resurrección, la contraparte femenina que es la virginidad de la parturiente, la importancia del incesto en la temática contemporánea, en las telenovelas latinoamericanas, derivación del motivo del reencuentro del héroe con su genealogía después de un viaje en el mundo en la narrativa del s. XIX, principio burgués del valor propio por oposición al valor heredado de la nobleza.

Es el reconocimiento del padre en la forma del hijo, por ejemplo a final de la película *El abogado del Diablo* (1998) de Taylor Hackford. La recurrente autodefinición del arte como procreadora de su propio mundo (Pigmalión, versión artística de Narciso; *"La reflexión"* romanticista, v. Walter Benjamin, *Le concept de critique esthétique dans le romantisme allemand*, París, Flammarion, 1986, pp. 67-68ss.: *"Gegen-*

Ich"/"*Ur-Ich*"/"*Vorlesungen*", "*Auto-intuition*", "*commencement du monde*"; el artista maldito, Mesías sufriente y redentor, guía y paradigma de lo humano, en Hugo, Baudelaire, Verlaine, *El retrato de Dorian Gray* de Wilde, Darío, *La escritura vigilante* de Ezequiel D'León, donde el escritor es quien, insomne, vigila mientras los demás duermen, y donde la escritura se vuelve objeto de lo escrito, como en Borges o su imitador Umberto Eco; la prolongación y sustitución del amor real por su trascendencia literaria en *Epigramas* de Ernesto Cardenal y su reinterpretación por Edwin Yllescas en poema leído en el II Festival Internacional de Poesía de Granada, Nicaragua, 2006; el autoengendramiento del león solar, autosacrificado y resucitado, príncipe de figuras luminosas: esfinges, fénix, sátiros y centauros, inversiones estos dos del minotauro, figura de la oscuridad, bajo el poder de la bruja del invierno, al igual que los gnomos, en *Las crónicas de Narnia*).

Civilización

En *Remedio en el mal* (1989, Madrid, A. Machado, 2000), Jean Starobinski analiza el surgimiento del concepto de civilización y urbanidad y civilización en la época moderna (s. XVII-XVIII), dentro de la dialéctica con el concepto de barbarie y salvajismo.

De hecho, es en los siglos anteriores, a partir del Renacimiento, como mostró Panofsky en base a la primera página de Vasari, que se empieza a distinguirse lo moderno de lo antiguo, con espacio temporal ideológico intermedio: lo medieval como entre dos, momento de barbarie, en el que se destacó el arte de los godos: el gótico. Lo a que, probablemente, pretende acercarse Starobinski en su epílogo (pp. 293ss.). Los grandes descubrimientos mediante la ampliación del espacio geográfico navegable por y para los europeos permitió reasumir imágenes antiguas como es Hermés, dios del comercio, la urbanidad y los intercambios entre humanos y divinidad. Mercurio se vuelve así un dios prominente a partir de los s. XV-XVI. Los viajes dan primero lugar a los libros de maravillas, de Marco Polo a Cristobal Colón y a historias sobre seres sobrenaturales en los confines del mundo conocido, mientras la época barroca, contraparte de las luchas religiosas y la Reforma en sus distintas formas (luterianismo, calvinismo, anglicanismo, jansenismo), rechazando el mito, desconfía de los monstruos en artes si no es con fin moral o ejemplar. Rastros de esta dicotomía entre un mundo civilizado seguro y otro, arcaico, peligroso e inestable, son: *Asesinatos en la calle*

Morgue de Poe, en el que un orangután propiedad exótica de un marinero recién llegado mata a dos mujeres, *Le Horla* de Maupassant, con la enfermedad incomprensible del héroe, traída desde la desconocida América, *El Exorcista* y las demás películas y narraciones sobre momias o demonios maniqueos que se apoderan de personas en la sociedad contemporánea por haber sido traídos en tierra occidental, en general, casualmente, en barco, figura-símbolo de los descubrimientos modernos. Así los discursos etnográficos que se conforman y configuran en los s. XVII-XVIII suponen no sólo, como en Rousseau o Bernardin de Saint-Pierre, una oposición entre la buena naturaleza y la civilización pervertida, sino un mirada fantasiosa sobre lo ajeno considerado como exótico.

Así todavía a finales del s. XIX la mitología comparada consideraba como muestras no religiosas, sino míticas, de sociedades primitivas, por oposición a Grecia, los relatos y cuentos africanos o americanos, como confirman las consideraciones introductorias tanto de Frazer como de Saintyves en sus respectivas obras. Lo utilitario de la pierna de jamón - adyuvante del héroe en un cuento africano - confirmando según Saintyves la inferioridad de la axiología religiosa de los pueblos no europeos respecto de las religiones greco-romanas y judeo-cristianas, carentes supuesta y falsamente éstas de fin de utilidad. De hecho, si la mitología comparada estudia las religiones y mitologías universales dentro de este marco, la primera forma de ciencia humanística, y el modelo por todos los posteriores desarrollos de la ciencia contemporánea, es la sociología de Comte a inicios del s. XIX, basada en esta mística ascensional, como el hegelianismo, del Ser fuera de Sí al Ser en Sí, del enajenamiento con Dios y el Logos, a la reunión como en la Gran Mística baja medieval. Los estructuralistas y

Barthes, en sus divisiones implícitas de las artes, contemplan la misma elevación religiosa de la animalidad al estado de civilización, de lo plástico al oral y lo escrito, último grado éste del sentido, mientras los anteriores lindan con el famoso grado cero en cuanto manifestaciones populares, que Barthes encontrará desarrolladas y al poder en las mass-medias de hoy en *Mitologías*, texto contemporáneo y de titulo homófono de *Mitológicas* de Lévi-Strauss, quien, igual, en sus otros escritos, rechaza el significado fuerte de las artes plásticas, por oposición a la literatura oral o escrita. Es así desde el Otro, relegado al ámbito del salvajismo y la barbarie, que se dibuja el contemporáneo, cuyo arquetipo es James Bond, dios itifálico y todopoderoso que rige sobre los cielos, las aguas y la tierra, y se expande a los 4 puntos cardenales, y los exploradores moldeados sobre la figura de Allan Quatermain y su copia por Spielberg: Indiana Jones. Versiones femeninas del modelo son el personaje de serie televisada encarnada por Tia Carrere y el de juegos videos llevado posteriormente a la pantalla grande: Lara Croft. Equivale lo anterior a plantear que todas las ciencias humanísticas contemporáneas se han fundadas en base a una oposición implícita entre pueblos avanzados y atrasados, tanto a nivel de proyección histórica en el tiempo, como en el espacio: la etnografía del s. XVIII y las interconexiones con los trabajos de Buffon, Humboldt, Darwin o Squier en el s. XIX, sobre fauna, flora y costumbres de las sociedades prinitivas; Rousseau, el buen salvaje y la cuestión de la educación natural; los orígenes de la ley según Kelsen, sociólogos como Harris, y las teorías paralelas de Mariátegui; los estudios del behaviourismo, de Pavlov, Skinner y Konrad Lorenz; la sociología comtiana y la antropología; el historicismo antropológico de clases de Engels y el marxismo, y el abarcador concepto alemán de "*Kultur*" y constructivista ruso de arte total y diseño para las masas; Lévi-Strauss y el estructuralismo; Grimm y el rescate de los cuentos como material primogénito del alma del pueblo; los orígenes de las castas en Dumézil; su consecuencia en las teorías nazis de la raza aria y la correspondientes manifestaciones fascistas de los intelectuales latinoamericanos y la teoría de la quinta raza cósmica de Vasconcelos;

la teoría de conflicto en la Escuela de Francfurt, con especial interés de parte de Marcuse en el caso de los movimientos de liberación no occidentales, y el desarrollo de dicha teoría en los años 1990 con Huntington; las tesis acerca del arte y la crisis civilizatorio en Freud o Jung (éste en *El Arte y la Vida*), y de la cultura de masa de Adorno, Barthes, Chomsky, Umberto Eco y los sociólogos del arte; la cuestión del posicionamiento desde la otredad y el sometimiento en las filosofías latinoamericanas (Zea, Roig, Fuentes) y africanas; el cosmos de naturaleza y el cosmos de cultura en Hegel y Panofsky; el origen popular y astral de las representaciones cultas según Warburg.

Suciedad

"He shuddered, but with averted face hid his grimaces and swallowed his gorge as he put his arm around her dirt-crusted shoulders and felt the contact of her rancidoily and kinky hair with his neck and chin. But he nearly screamed when she succumbed to that caress so at the very first of the courtship and mowed and gibbered and squealed little, queer, pig-like gurgly noises of delight. It was too much. And the next he did in the singular courtship was to take her down to the stream and give her a vigorous scrubbing.

.../...

In company with Balatta, sometimes with men and parties of women, the freedom of the jungle was his for three quadrants of the compass. But the fourth quadrant, which *contained the Red One's abiding place, was taboo. He made more thorough love to Balatta - also saw to it that she scrubbed herself more frequently. Eternal female she was, capable of any treason for the sake of love. And, though the sight of her was provocative of nausea and the contact of her provocative of despair, although he could not escape her awfulness in his dream-haunted nightmares of her, he nevertheless was aware of the cosmic verity of sex that animated her and that made her own life of less value than the happiness of her lover with whom she hoped to mate. Juliet or Balatta? Where was the intrinsic difference? The soft and tender product of ultra-civilization, or her bestial prototype of a hundred thousand years before her? - there was no difference."*

(Jack London, "*The Red One*", *Cosmopolitan*, octubre de 1918)

Fue famosa en Francia la frase de Chirac, quien, visitando en los 90 multifamiliares pobres, afirmó entender el despecho de los franceses que debían convivir con extranjeros que se apiñaban 20 bajo el mismo techo, recibiendo así subsidios para familias numerosas, más si a esto se sumaba "*el ruido y el olor*". En Francia es común oír hablar del mal olor de los norteafricanos y los negros. También en Nicaragua del de los extranjeros del Primer Mundo, los cuales no se bañaran, o de la repugnancia hacia los negros, por su color y pelo. En la edad media europea se designaba a los judíos como hijos de la cerda, y se les representaba amamantando, recibiendo como producto los excrementos del animal. Mientras los europeos de América (sobre una división de las razas latinoamericanas según los colones, en este caso estadounidenses, decimonónicos, v. la división de Jack London en "*La pillastrona*", en *Novela realista*, Madrid, Edimat, 2006, entre "*greasers,... spiggoties,... hispanoamericanos*", p. 502, no siendo el "*indio*" spiggoty, p. 507, por lo que spiggoty con indio da mestizo, p. 510) nombraron mulato al hijo procediente de la mezcla entre negro y blanco, es decir, literalmente, hijo de la mula (pues, el mulo, hijo de caballo y burra o de yegua y asno es, al igual que el mulato, híbrido en su nacimiento), en los países centroamericanos, y hasta en la ideología relacionada con *El Güegüence*, el macho es el *"chele"* (inversión pre-

verlan para el blanco o color *"leche"*, v. nuestro artículo "*La figura del macho en el folclor nicaragüense*", *El Nuevo Diario*, 3/1/2003, p. 5). En el *Levítico*, la prohibición del sexo se hace contra las mujeres menstruadas, y se ha dado interpretaciones higiénicas de la circuncisión. Los órganos sexuales se consideran tradicionalmente impuros, por oposición a la parte superior del cuerpo. El pecado original es sexual. Lo impuro del Eros versus lo puro del Amor divino de Anteros connota en francés lo "*pur/impur*" y lo "*propre/impropre*", lo "*impropio*" siendo lo vulgar, la palabra "*propre*" designa a la vez lo "*propio*" y lo "*limpio*". Así la referencia al hedor de los extranjeros es una laicización nacionalista de prohibiciones religiosas. Antiguamente se solía pensar que si alguien padecía enfermedad, como peste o cólera, era castigo divino por una mala acción, hoy se achaca a los pobres la culpa de su desempleo; a los extranjeros la del desempleo nacional: en el Primer Mundo porque los pobres del Tercero vienen a quitarle el empleo al nacional, en el Tercero por ser imperialistas del Primero que vienen malgastar los recursos naturales y mal pagar al nacional aprovechándose de su miseria y necesidad. A situaciones económicas difíciles responden los políticos, en Nicaragua o México, planteando la impureza del bando opuesto y el honor "*sin manchas*" de su propio partido, a lo cual el otro bando responde acusándole de "*matamamá*" y "*vendepatria*", red en la que el partido "*sin manchas*" pone afíche (2006) sobre la importancia de comprar nica para no ser "*matamamá*". *Las manos sucias* de Sartre evocan los carniceros compromisos políticos, opuestos a la pureza del ideal.

Lo sucio de lo ajeno versus lo propio remite a lo natural, no civilizado: son salvajes quienes no se lavan; quienes usan perfume para esconder su mal olor malinterpretan los valores de higiene de la civilización. A como lo meta-icónico atribuido a

Panofsky por oposición a la falta de juicio analítico de Warburg expresa según Stefania Caliandro una equivalencia en los extremos, que colindan en los límites de lo científico sin nunca adentrarse en él, el uso inapropiado de lo cosmético identifica ausencia de conocimiento higiénico. La crítica de *El Perfume* de Süskin a la Francia de Grenouille como el personaje paradigmático de oposición entre mito y contra-mito: el zorrillo Pepe Le Pew, son expresiones nacionalistas (o, en caso de Pepe, contra-nacionalista) idénticas a la niña negra, criada con cara de mono, que, ausente su ama, entra al cuarto y malgasta cómicamente los productos de belleza, en *Les enfants de nos colonies* de Magdeleine Du Genestou (París, Hachette, 1932), dedicado a ilustrar los niños metropolitanos sobre sus variadas colonias. Aunque confusa, el afíche (2006) de Xedex: "*El aprendizaje queda, la suciedad desaparece*", basada en publicidades internacionales para productos de lavar ropa, evoca la dicotomía entre valores positivos, perennes, del conocimiento adquirido, y negativos, efímeros, de lo lúdico como medio de aprendizaje. Expresa, en el campo educativo, lo social como redención de lo natural, valor agregado redentorio. El olor, más acá de lo social (religión, ideología, nacionalidad), es lo que define el grado objetivo de repugnancia hacia el Ser en Sí: el cuerpo como medida base para evaluar el individuo en su ser propio, innato, no construido, antes de la formación y el aprendizaje sociales.

Oscar García en su obra *Man-AGUA* para Habitart (2003) o Daniel Pulido con su instalación en la reciente Calle-Arte (28/2/2006), presentan la suciedad medioambiental a través del objeto que la produce: el plástico, excremento del petróleo imposible de reciclar. Uso del objeto por lo que es: principio del Nuevo Realismo (de los afichistas como de los recicladores), manera objetiva de describir lo real, y obsesión contra el plástico de Norman Mailer. Desde siempre lo sucio es símbolo de lo viejo y desechable, como *Cenicienta*, ritual de pasaje del Año Viejo al Nuevo. Rodrigo González desarrolla en su obra la escritura-palimpsesto

para denunciar los borrones de la historia, pactos de conveniencia, promesas no cumplidas en política, los procesos de encuestas que se estancan, y falta de memoria en el pueblo. El Nuevo Realismo, Duchamp en *La Fuente*, los dadaístas o Manzoni en *Mierda del artista* elevaron el proceso de descomposición al rango de crítica axiológica de lo social, haciendo del ready-made y la broma el motor de sus obras. En nica (sustantivo y nombre-calificativo), francés e inglés, la palabra "*Mierda*" designa tanto una situación desagradable como una persona insufrible ("*merde*"/"*tu es une merde*", "*shit*"/"*you're a piece of shit*"). Fealdad y maldad suelen asociarse por oposición a belleza y bondad: los malos feos viven en general en ámbitos descompuestos, o en medio de lugares llenos de objetos en proceso de descomposición, tanto en "*El corazón revelador*" y "*El gato negro*" de Poe, como en los filmes de horror de hoy, de *La masacre de Texas* a *El silencio de los inocentes*. Las brujas se asocian con sapos y serpientes, mientras en los cuentos el castigo de los malos es a menudo escupir estos animales al hablar. En los filmes, los muertos, los pobres, las sociedades del Tercer Mundo, los jóvenes (*The Cat in the Hat, Nanny McPhee*), el sexo, su comercio, los asesinos y *serial killers*, presentan un mundo alborotado, de ruido y furor, en guerra y descomposición permanentes, al contrario del mundo civilizado, pacífico, ordenado y placentero, de la sociedad dominante. La suciedad se expresa entonces mediante tres vías: el hedor, la figura (rostro, raza, color "*sucio*", enfermizo o cadavérico de la piel) y la forma/producto (excrementos), todos proyección externa del Otro hacia el Yo, o percepción del Otro desde el Yo, confirmando que la percepción del Otro se da desde sí, la alteridad asumiéndose como extensión negativa del Yo. Asimismo la comida extranjera aparece a menudo en los filmes como asquerosa (*Le père Noël est une ordure*).

Semiótica de los lampazos

Famoso lingüista francés Algirdas J. Greimas, en su artículo: "*Semiótica figurativa y semiótica plástica*" (primera publicación: 1984, reed.: *Image 1*, compilación de Desiderio Navarro, La Habana, Casa de las Américas, 2002), desconociendo con toda amplitud los planteamientos y alcances de la ya centenar escuela de Warburg, y, fiel a la concepción formalista tradicional, desarrollada desde decenios por la semiótica, amparada por una historia del arte enfermiza, más todavía Greimas valiéndose del derecho a hablar sin conocimiento (p. 92), lo que de paso el mismo encuentra "*muy sabi*(o)",

Greimas, pues, cree percibir en la afirmación a contratiempo de que el pintor reproduce la "*naturaleza*" tal y como es la base para interpretar el arte. Lo que, por poco ducho que uno sea en la ciencia literaria, deja una interrogante importante: que es lo que intenta reproducir el escritor, sino precisamente también la naturaleza? Pensamos sólo, y peor aun, en el mismo medio francés, a Flaubert y Zola. Ahora bien de la confusión *inexperta* entre figurabilidad y figuración, o sea entre el objeto representado y las formas y normas de representación, sin querer queriendo, a este y para tal nivel de diletantismo científico, confusión de origen griega (platónica), la cual revela una cultura de clase, mas no de calidad analítica a pesar de las afirmaciones autosatisfechas del autor (p. 85), de esta confusión, Greimas desprende toda su teoría; las premisas siendo falsas, el desarrollo lo es también.

Afirma así, aunque queriendo hablar de puntos de encuentro, la distinción (empleamos en este caso aquí también el término con el valor que le dio Pierre Bourdieu en su obra homónima) entre el objeto escrito y el objeto plástico, ya que: "*la cuadricula de lectura, de naturaleza semántica, va al encuentro del significante planar*" (p. 80), lo que de manera clara evoca, en el discurso de Greimas, a través la referencia etnocéntrica ejemplificar al francés, el hecho de que, por no ser jeroglíficas (dibujar una casa para escribir el concepto de casa), las lenguas en su representación formales simbólicas del mundo (el hecho de utilizar la palabra "*casa*" o "*maison*" para representar una casa, sin que la secuencia de las letras o las letras en sí figuran de alguna manera visible el objeto casa) hacen ya parte, por naturaleza propia, intrínseca, del universo cultural, mientras las artes plásticas no, ya que son meras reproducciones (copías) no intelectualizadas de lo real.

La absurdidad de tal pensamiento es obvia: Greimas no estudia nunca, a pesar de la referencia abortada a tal posibilidad al final del presente artículo (p. 95), el material literario a partir del color de las letras o de la caligrafía propia de cada escritor. Porque entonces abordar el grado semántico de las artes plásticas a partir del color y la forma? De igual forma que en la literatura una manzana no es más que una manzana, y el arte del escritor describírnosla, mientras no la llenamos de simbología (ofrenda matrimonial, fruta del pecado original), en las demás artes dicha manzana es una manzana, pero también esa otra cosa: su simbología, la cual se le agrega en sentido explícito de cristianización de la referencia griega (el juicio de París) en las *Tentaciones de San Antonio* medievales, cuando tres mujeres, que también son las 3 Gracias compañeras de Venus (lo cual acentúa todavía más el carácter lujurioso del encuentro, y el mismo fenómeno de tentación por presentar un trio de mujeres que se opone implícitamente a la pureza sin sexo de la Trinidad divina), se presentan ante el ermitaño ofreciéndole una manzana con gesto lascivo. Dicho de otra manera, tanto en literatura como en arte, un mismo objeto tiene igual valor simbólico, por ser el mismo, y su simbología por ende, lo que parecería lógico a cualquiera, menos a un semiótico, idéntica. La forma (sea de decir o representar) es lo que hace parte del arte (estilo, influencia formal, genio e ingenio personal), pero no es el propósito nuestro

- ni el de Greimas - hablar de esto. La única diferencia entre las artes visuales y la literatura es que el escritor carece de las herramientas del pintor, el fotográfo u el cineasta para representar la realidad, por lo cual la parafrasea, siendo eso su último recurso. Lo que no significa fuerza mayor, sino mayor debilidad del arte literario respecto de las demás. El carácter fundamentalmente simbólico del arte nos lo hacen ver los libros de emblemas de los siglos XVI y siguientes, que explican para los pintores el porque de cada alegoría y de los atributos que debe siempre llevar para el entendimiento y enseñanza del espectador.

Siguiendo su razonamiento en su completo ilogismo,

Greimas termina con una suerte de neo-barthesianismo, en que la gestualidad del actor, la música, la poesía (en qué más que la prosa?) y las artes visuales se identifican en ese "*ruido*", "*semi-simbólico*" (respecto, claro, de la literatura, que lo es todo simbólico en la "*cuadricula de lectura*" de Greimas), ruido que pretende el lingüísta hacer callar, *para entenderlo mejor*, ruido que sería la "*première écoute*" de Barthes, la cual se distingue de la segunda, que es la de la literatura, conforme la modernización barthesiana de la jerarquización clásica de las artes.

Nos hizo ver la necesidad de responder a tales aberaciones

teóricas el hecho de que Greimas, retomando el concepto platónico de las unidades de valores mínimas del significado en el lenguaje retomado por los estudios folclóricos rusos sobre el cuento en el siglo XIX y por Jakobson en *Ensayos de lingüística general* (1960), hablara de las unidades mínimas de sentido en el arte, provocando una confusión tremenda respecto de nuestra teoría, desarrollada con nuestro libro: *Iconologia* (Bès Editions, 2001), en base al estudio de tres surrealistas: Dalí, Delvaux y Magritte, y de los ArteFacto de Managua (1997-1999), y anteriormente explicitada y difundida en los medios científicos nicaragüenses y franceses a través de publicaciones (Nicaragua,

1996-1999, y *Arturo Andrés Roig y el problema epistemológico*, UNAN-Managua, 2 publicaciones: 1998 y 1999) y conferencias en distintas universidades (Heredia, Costa-Rica, 1998, Besançon y París X, 2000-2001).

Así que sólo nos queda volver a explicar lo que entendemos al decir que el motivo en el arte contemporáneo es la unidad mínima de sentido, ya que no descomponible, de las obras, por oposición al tema, éste que sí se encuentra perdido y desvinculado de los atributos clásicos que lo hacían legible en el arte figurativo.

Primero, creemos que, por todo lo anterior, está claro que para nosotros la locución "unidad mínima de sentido", *que es exclusivamente de nuestra propiedad*, se entiende no en sentido formal (el color como base de la labor del pintor), sino en sentido semiológico e iconológico panofskiano: ya que, de hecho, si se habla de "*sentido*" se tiene que tratar de semántica, no de estilo u toque.

Además, no sólo nos parece requete obvio, a

estas alturas, que el arte abstracto no reproduce la naturaleza a como se da o se nos presenta, sino que, también, es la forma paradójicamente más obvia del sentido simbólico de las artes visuales: pues, el arte abstracto trabajo por derivación o metáfora, dicho de otra manera, por aislamiento fuera de su contexto habitual (tema) de motivos (objetos, atributos) y amplificación por concatenamiento de su simbología, reducida a su más mínima expresión: por ejemplo la representación del bebé (en general una muñeca de plástico) como símbolo de pureza destruido, u del vientre materno como símbolo del papel de procreadora de la mujer, fuera cada uno de estos dos elementos del contexto global de la *Virgen con el Niño*, y tampoco representados

combinados el uno con el otro. La obra de Patricia Belli consta de estos dos motivos, pero en obras distintas, y al parecer la artista nunca los asoció dentro de una sola y misma obra.

Ahora bien, Raúl Quintanilla ofreció al público, a partir del 2002, un nuevo motivo en su obra: el de los lampazos (aunque éstos aparecieron en una de las últimas portadas de *ArteFacto*, como probable doble símbolo, primero del carácter polémico y crítico de la revista, la cual pretendía siempre de alguna manera limpiar y/o aclarar el discurso dominante, y segundo del deseo del artista-editor de pasar a otra forma de publicación - o sea, a la vez como símbolo de purificación y de despedida -).

Es muy poco probable que la propuesta de Greimas de análisis de las formas y los colores como elementos en sí, sabiendo que se resume a percibir el sentido de la obra (abajo/arriba, pp. 93-94) y el valor cromático de los colores (*ibid.*), nos sirva de algo para aproximarnos a una obra sin embargo tan obvia dentro del ámbito abstracto como los lampazos de Quintanilla.

De hecho, en la perspectiva de Greimas, tendríamos que fijarnos en la posición de los lampazos en el espacio (si son verticales, horizontales, cabeza abajo o arriba), y la conformidad del uso de los colores respecto de las reglas clásicas (asociación de colores cálidos que son el amarillo y el rojo con un color frío que es el azul, y con un no color que es el blanco), y, fundamentándonos al igual que Greimas en Kandinsky, tendríamos que reconocer que el azul es color de lo celestial, y tal vez por eso fueron puestos los lampazos contra la ventana del Teatro Nacional en el

Foro Añil de noviembre 2004.

Ahora bien, considerando el carácter simplemente denotativo (por ende simbólico) de los lampazos (objeto doméstico - por lo cual llama a una concientización personal de cada espectador como amo de la gran casa nacional - que sirve para limpiar lo sucio), la ironía propia del arte contemporáneo que pretende llamar la atención del espectador con estos casi ready-made burlesco a la manera de Duchamp pero con matiz político, y la simbología obvia de la asociación de los colores (cuatro lampazos, de la izquierda a la derecha: el primero llevando los colores de la Iglesia: blanco y amarillo, el segundo el rojo del partido liberal, el tercero el rojinegro de los sandinistas, y el último el azul y blanco de la bandera nacional), nos damos cuenta que, al nivel formal, lo que aparece evidente para el estudioso de la obra de Quintanilla es la habitual escenografía en base al principio de la simetría como concepto de equivalencia (la blanco y amarillo de la Iglesia es la contraparte del blanco y azul de la bandera, mientras el autoproclamado "*rojo sin mancha*" de los liberales hace juego con el rojinegro sandinista).

Así, parafraseando a Lenin, podemos decir que la forma es la envoltura de la idea, y no, como parece pensar Greimas que la forma es la idea en sí. La idea es siempre, respecto de la forma, a la vez más acá (en cuanto previa a la realización de la obra) y más allá (en cuanto inmanente a la formalización de ella que representa la obra).

En breve conclusión, el problema no es que Greimas yerra, sino que su discurso es el de todo el mundo en nuestras pobres ciencias humanísticas y sociales, como podemos ver en el libro ya citado al que pertenece dicho artículo.

Así, mientras, en la misma compilación, Abraham A. Moles (primera publicación del artículo: 1981) nos habla de: *"La imagen como cristalización de lo real"*, el libro reúne, además, textos de Louis Marin, Hubert Damisch, o René Passeron que todos nos proponen esa misma *"semiología pictórica"*, a como la llaman, pero que, acabamos de demostrarlo, paradójicamente no trata del sen tido sino de la forma (no es, pues, semiología, salvo en la idea de sus exponentes, sino, simple y sencillamente, una *lingüística* o *estilística*). Marin postula "*la indisociabilidad de lo visible*", mientras expresa que "*La significación...*

sólo puede nacer de una articulación, de una segmentación" (p. 25), por lo cual, olvidándose de la presencia de los *motivos* en las obras visuales, y citando a Paul Klee, ve, en conclusión, como los demás en el arte una asociación formal de: "*líneas, valores, colores*" (pp. 47-48), otro recorrido, pues, en vano. Cuando habla del "*recorrido de la mirada*" por el cuadro (p. 25), no sólo se pone en una perspectiva idealista (nada existe fuera de mí), sino que sociológica: el valor de la obra es externo, depende de los espectadores y el mercado (comparar con el artículo de Bourdieu *in ibid.*), lo que falsifica de antemano la comprensión de la obra, quitándole al artista papel consciente. De lo mismo, asociando las ideas de "*la indisociabilidad de lo visible y lo nombrable como fuente del sentido*" (p. 25), se posiciona en un discurso logocéntrico inaplicable a las obras visuales que no tienen texto. Es como si se estudiara la literatura en base a los colores, y, por lo tanto, plantear, *a priori*, que la literatura no tiene sentido, ya no tiene colores, el exégeta viendo entonces en la literatura una sucesión de líneas con variaciones de curvas, las cuales supuestamente revelarían todo el sentido de la obra, ésta considera *"polisémica"* (como la obra visual para Marin, p. 27, en base a Roland Barthes y Umberto Eco) porque cada lector le da el sentido que quiere, en la medida en que el texto en sí, como postulado *a priori*, no tiene sentido previo al que atenerse.

Moles, por su parte, considera modos válidos de "*exploración*" de los "*tipos de mensajes*" y las "*propiedades psicológicas*" de la imagen la mera enumeración de los umbrales de capacidad fotográfica, las técnicas de reproducción (foto, heliograbado, offset, lito), y la calidad de dichas reproducciones (pp. 162-163). Es como proponer un análisis de la obra de Balzac a partir del papel de impresión del libro (lo que, siguiendo el razonamiento hasta el final, implicaría una sub-paradoja: es, obviamente, más valiosa la obra de Balzac en edición de lujo y portada de cuero, que en libro de bolsillo).

De ahí que, en lo personal, nos parece, que

a veces, cuando uno no tiene nada que decir, sería mejor que calle, principio de cortesía que parecen desconocer tanto Greimas como sus similares. Igual, si uno no sabe, que aprenda, que busque, que vaya en biblioteca, que lea, que se cultive, mas que no hable al peso de la lengua.

Vulgar tal vez lo es esta abrupta conclusión,

pero más el embrutecimiento colectivo que, a manera de autocongratulación por tener el derecho a ser autodidactas, se otorgan las semi-élites de nuestra absurda contemporaneidad.